Sandwichs
et wraps

Sandwichs et wraps

Louise Rivard

photographies de André Noël

MODUS VIVENDI

© 2008 Les Publications Modus Vivendi inc.
© des photographies

LES PUBLICATIONS MODUS VIVENDI INC.
55, rue Jean-Talon Ouest, 2ᵉ étage
Montréal (Québec)
Canada
H2R 2W8

Directeur éditorial : Marc Alain
Conception graphique : Catherine et Émilie Houle
Photographe : André Noël

Dépôt légal - Bibliothèque et Archives nationales du Québec, 2008
Dépôt légal - Bibliothèque et archives Canada, 2008

ISBN-13 978-2-89523-513-2

Nous reconnaissons l'aide financière du gouvernement du Canada par l'entremise du Programme d'aide au développement de l'industrie de l'édition (PADIÉ) pour nos activités d'édition.

Gouvernement du Québec — Programme de crédit d'impôt pour l'édition de livres — Gestion SODEC

Imprimé en Chine

Recettes tirées des livres :
- 200 recettes anti-cancer (2006)
- 200 Oméga-3 (2007)
- La bible des soupes, sandwichs et salades (2007)

Avant-propos

Ne vous contentez plus de sandwichs ordinaires ! L'heure est à la nouveauté.

Le sandwich nous vient de John Montagu, en 1762, qui était le quatrième comte de Sandwich. Il est le premier à s'être fait servir ce type d'en-cas, pour éviter de quitter une partie de cartes. Depuis, le sandwich a évolué dans ses formes, ses saveurs et ses variétés.

Un sandwich c'est en général composé de pain et d'un assortiment d'ingrédients divers, allant de la garniture la plus simple aux recettes composées de légumes, viande et assaisonnement divers. Le sandwich doit sa grande popularité au fait qu'il peut être mangé sans couverts, et qu'il ne demande presque pas de préparation. D'ailleurs, c'est le principal produit de la restauration rapide.

Ce petit livre deviendra un outil indispensable dans la préparation de vos sandwichs. Il contient des idées de combinaisons d'ingrédients simples qui vous permettront de créer des explosions de saveur. Vous pourrez y choisir des combinaisons classiques ou inattendues parmi une foule de garnitures originales, rafraîchissantes et savoureuses. Ce magnifique petit livre vous offre des garnitures absolument délicieuses qui rendront vos repas tout à fait inoubliables !

Le sandwich permet de manger légèrement et sainement. Ils sont ultrarapides à préparer à l'avance ou sur place, à la maison, à l'école ou au bureau. Facile à transporter et à consommer sur le pouce, le sandwich est une des spécialités du pique-nique, bien qu'il soit aussi beaucoup consommé à l'heure du dîner.

Le sandwich se consomme un peu partout dans le monde, où il se décline sous des formes diverses, allant des élégants canapés au hamburger des chaînes de restauration rapide.

Selon les pays et les regions le nom et le genre des sandwichs changent. En France, c'est le traditionnel jambon-beurre, mais chaque région l'a intégré dans ses spécialités, comme le fameux Pan bagnat niçois. En Italie, les sandwiches prennent le nom de tramezzini quand ils sont triangulaires et de panini, lorsqu'ils sont consommés chauds et légèrement grillés. En Amérique du Nord, le sandwich se garnit de beurre d'arachides et de confiture, quand il ne s'agit pas du fameux hot-dog ou du hamburger.

Donc, succombez à la tentation et préparez-vous un sandwich des plus gargantuesques.

Pour 5-6 sandwichs

Club sandwich végétarien au tofu aigre-piquant

Couper le bloc de tofu en tranches minces. Les éponger. Trancher les oignons verts et les faire suer dans l'huile de canola. Ajouter les tranches de tofu. Dorer des deux côtés. Arroser de quelques gouttes de sauce Hoisin ou Worcestershire. Tiédir.

Pour le chutney : couper le navet en rondelles et les plonger dans l'eau bouillante 5 minutes ou jusqu'à ce qu'il soit tendre. Émincer. Couper la mangue en petits cubes, émincer l'oignon, les herbes et l'ail puis déposer dans un robot culinaire. Incorporer la noix de coco, le rutabaga, le jus de citron et l'huile. Réduire en purée. Ajouter de l'eau selon la consistance. Assaisonner.

Pour le beurre d'amande épicé : mélanger tous les ingrédients jusqu'à consistance homogène.

Faire le montage du sandwich par étage. Napper les tranches de pain de beurre d'amande épicé et déposer des tranches de tofu grillé aux oignons verts et une cuillère de chutney. Garnir avec des légumes frais tranchés. Faire tenir le sandwich à l'aide de cure-dents, tel le club sandwich classique.

Pain de grains entiers

1 bloc de tofu ferme

Huile de canola bio

2 oignons verts

Sauce Hoisin ou Worcestershire

Chutney aux herbes

1 mangue

1 rutabaga

2 gousses d'ail

1 oignon

Bouquet de menthe

Bouquet de coriandre

Brins de persil

2 c. à soupe d'huile d'olive extra vierge

Eau filtrée

1 c. à soupe de jus de citron

1 c. à thé de poudre de cari

Sel et poivre au curcuma

Noix de coco râpée non sucrée

Beurre d'amande épicé

2 c. à soupe de beurre d'amande

sans sucre

1/4 c. à thé de pâte de chili (Sambal Oelek) ou gouttes de Tabasco

Brin de persil frais haché

Garniture

Légumes du jardin

(laitue, concombre, radis)

Pour 1 sandwich

Tortillas garnis au poulet

Préchauffer le four à 350 °F (190 °C). Râper le fromage et le faire fondre doucement à feu moyen-doux. Couper la volaille en lanières. Trancher des bâtonnets de poivron. Cuire les tortillas environ 5 minutes. Garnir toute la surface du pain avec la laitue. Étaler une bonne cuillère de guacamole ou de salsa au centre du pain. Déposer les lanières de poulet et garnir de légumes, de fromage fondu et de brins de coriandre. Plier le pain.

Un pain tortilla souple au blé entier

Guacamole ou salsa

1 portion de poulet cuit (ou dinde)

Laitue

Poivrons de couleur

50 g de fromage cheddar

Brins de coriandre

Pour 2 sandwichs

Sandwichs tacos
au poisson

Mélanger tous les ingrédients de la purée dans un robot culinaire. Verser un peu d'eau ou de jus de lime au besoin. Ajuster la quantité de piment jalapeno selon les préférences. Couper le poisson en quartiers (sans la peau). Réchauffer les tacos au four quelques minutes. Garnir d'une cuillère de pâte de haricots chaude. Recouvrir d'une cuillère de fromage râpé au goût. Terminer avec le reste des garnitures. Conserver la purée de haricots dans un contenant hermétique au réfrigérateur.

2 tacos de maïs

1/2 avocat Hass mûr

100 g à 125 g de poisson gras
(gravlax, truite fumée)

Maïs en grains (facultatif)

Laitue arugula

Fromage râpé (mozzarella, cheddar)

Pâte de haricots épicée :

175 g (1 tasse) d'haricots blancs cuits

Jus de lime

2 c. à soupe d'huile d'olive extra vierge
(ou de canola bio)

1/2 c. à thé d'ail émincé

1 rondelle d'oignon

2 c. à soupe de persil haché

1 c. à soupe de coriandre

1/2 c. à soupe de piment jalapeno
(ou plus)

Pincée de cumin et de cannelle

1 c. à thé de cacao pur (facultatif)

Sel et poivre

Pincée de curcuma

Pour 4 sandwichs

Burgers de poisson citronné piquant

Frotter le pain de kamut ou de grains entiers à l'aide d'un tamis en métal afin d'obtenir une chapelure fine. Faire revenir l'échalote grise émincée quelques minutes dans l'huile. Hacher le poisson. Mélanger tous les ingrédients. Assaisonner. Séparer en 4 portions et former des burgers. Réfrigérer 30 minutes. Enrober de semoule si désiré. Chauffer un peu d'huile d'olive dans un poêlon cannelé et cuire les burgers de poisson 3 à 4 minutes de chaque côté. Servir dans des pains à hamburger de blé entier avec de la laitue, des tranches d'agrumes ou de fromage et napper de votre sauce préférée.

500 g (1lb) de poisson gras (goberge, sébaste, saumon)

1 échalote grise

1 œuf battu

60 ml de chapelure de kamut fine

Piment chili rouge émincé (au goût)

1 c. à thé de zeste de citron

1 c. à soupe de persil haché

1 c. à soupe de coriandre hachée

1 c. à thé de ciboulette

Huile d'olive de première pression

Sel

Semoule de maïs fine

Pour 4-6 portions

Guacamole classique

Émincer les oignons verts. Enlever le germe de la gousse d'ail et l'émincer très finement ou utiliser un presse-ail. Épépiner les tomates, si désiré, et les couper en dés. Piler la chair des avocats à la fourchette ou au robot culinaire, en ajoutant le jus de citron et de l'huile. Incorporer les tomates, la sauce tomate et les oignons verts. Bien mélanger. Rectifier l'assaisonnement en ajoutant du sel de mer et quelques gouttes de Tabasco, pour une saveur plus relevée, au goût. Servir avec des croustilles de maïs ou comme garniture dans des sandwichs. Conserver au froid dans un contenant hermétique.

2 avocats Hass mûrs

2 grosses tomates

1 à 2 c. à soupe de sauce tomate (facultatif)

1 gousse d'ail

2 oignons verts

Brins de coriandre (facultatif)

2 c. à soupe de jus de lime ou de citron

Sauce Tabasco (facultatif)

2 c. à soupe d'huile d'olive extra vierge

Pour 4 portions

Trempette au fromage cottage

Faire sauter l'oignon quelques minutes dans l'huile. Mélanger tous les ingrédients manuellement ou au robot culinaire, pour une consistance plus crémeuse. Rectifier l'assaisonnement. Conserver dans un contenant hermétique au réfrigérateur.

1 1/2 tasse de fromage cottage

1/4 tasse de yogourt faible en gras

Poudre de chili ou sauce de piment chili mexicaine

2 c. à soupe d'oignons hachés

Huile d'olive de première pression

Pincée de thym

Brins de persil

Sel de mer fin

Zeste de lime haché

Pour 4 portions

Salsa à la mangue

Couper la mangue, le poivron et le tomatillo en dés et les transférer dans un saladier. Verser l'huile avec le jus de lime, la sauce tomate et le piment jalapeno. Mélanger. Hacher les herbes finement et les incorporer au dernier moment. Assaisonner. Conserver au réfrigérateur dans un contenant hermétique.

1 mangue bien mûre

1 tomatillo

1 à 2 c. à soupe d'oignons rouges

1/2 poivron rouge

1 c. à thé d'huile d'olive

2 c. à soupe de jus de lime

1 c. à soupe de sauce tomate

1 c. à thé de piment jalapeno haché fin

Brins de coriandre

Brins de basilic ou de menthe fraîche

Sel et poivre

Pincée de curcuma

Pour 4 portions

Salsa aux tomatillos

Pratiquer une incision en forme de croix à la base des tomatillos. Les mettre dans l'eau bouillante 5 minutes. Les refroidir. Enlever la peau et couper la chair en dés; déposer dans un saladier. Hacher la coriandre finement ainsi qu'un morceau de piment jalapeno. Ajouter aux tomatillos avec les épices. Arroser de jus de lime, au goût, et d'un filet d'huile. Assaisonner.

4 tomatillos rouges

1 c. à soupe d'oignons rouges

Brins de coriandre

1 c. à thé de piment jalapeno

Jus de lime

Huile canola bio

Sel et poivre au curcuma

Végé-burgers
au curcuma

Faire revenir l'oignon et l'ail émincés quelques minutes dans l'huile. Mélanger au robot culinaire tous les ingrédients et réduire en purée. Assaisonner. Séparer en portions et former des burgers. Réfrigérer 30 minutes. Enrober de semoule, si désiré. Chauffer un peu d'huile d'olive dans un poêlon cannelé et cuire les végé-burgers 4 à 5 minutes de chaque côté. Servir dans des pains à hamburger de blé entier avec de la laitue, des lanières de légumes frais et votre mayonnaise préférée.

1 tasse de pois chiches

1 tasse d'haricots blancs

1/4 tasse de graines de tournesol et de citrouille

2 c. à soupe de graines de lin moulues

1 gousse d'ail

1 oignon perlé

2 c. à soupe de persil

1 c. à thé de coriandre

1 c. à soupe de menthe

1 c. à thé de cumin

1 c. à thé de curcuma

Poivre noir

Pincée de poivre de Cayenne

Semoule de blé fine

Pour 4 sandwichs

Burgers dinde et canneberges

Frotter le pain sec de kamut ou de grains entiers à l'aide d'un tamis en métal afin d'obtenir une chapelure fine. Griller les pacanes à sec. Les hacher grossièrement. Faire revenir l'échalote grise émincée quelques minutes dans l'huile avec du romarin. Hacher la dinde. Mélanger tous les ingrédients. Assaisonner. Séparer en 4 portions et former des burgers. Enrober de semoule, si désiré. Réfrigérer 30 minutes. Chauffer un peu d'huile d'olive dans un poêlon cannelé en aromatisant avec du romarin et de la sarriette. Cuire les burgers de dinde 3 à 4 minutes de chaque côté. Servir dans des pains à hamburger de blé entier avec de la laitue, des tranches d'agrumes et votre condiment préféré.

600 g (1 1/4 lb) de dinde

1 oignon perlé

1 c. à soupe de fleurs d'ail

4 c. à thé de canneberges séchées

8 noix de pacane

1/2 c. à thé de jus de citron

1 œuf

6 c. à soupe de chapelure de kamut

1 c. à soupe de graines de lin moulues

Semoule de maïs fine

Brins de romarin et sarriette

Huile d'olive extra vierge

Pour 6 à 8 sandwichs

Sandwich chaud style hongrois

Moudre le cumin au pilon. Diluer la fécule dans 2 c. à soupe d'eau. Cuire la viande dans une poêle antiadhésive à feu moyen en remuant. Le mélange est cuit lorsque la viande n'est plus rosée. Dégraisser. Incorporer tous les autres ingrédients. Bien mélanger. Cuire 3 à 4 minutes ou jusqu'à ce que le mélange soit bien lié. Fendre les pains et enlever de la mie. Badigeonner de crème sure. Ajouter le mélange de viande à la cuillère. Garnir de légumes et de fromage. Servir chaud.

1 lb (454 g) de porc haché

5 tranches de salami hongrois

3/4 tasse (180 ml) de jus de tomate

1c. à thé (5 ml) de fécule de maïs

2 gousses d'ail hachées fin

1 gros oignon haché

1 c. à thé (5 ml) de paprika hongrois épicé

1 c. à thé (5 ml) de paprika régulier

1/2 c. à thé (2,5 ml) de cumin entier et moulu

6 à 8 pains ronds de blé entier

4 c. à soupe (60 ml) de crème sure

Garnitures suggérées

1/4 lb (100 g) de gouda en dés

Poivron vert, tomates cerises

Pitas garnis au caviar d'aubergine

Couper l'aubergine en deux et la piquer à la fourchette. Disposer les morceaux sur une plaque recouverte de papier parchemin et cuire environ 30 à 45 minutes au four préchauffé à 400 °F (200 °C). Détacher la chair à la cuillère et transférer dans un robot culinaire en ajoutant tous les ingrédients sauf le beurre de sésame, à incorporer par petites quantités à la fois (1 c. à thé). Goûter et ajuster la quantité de jus de citron ou de beurre de sésame au goût et mélanger pour obtenir une texture homogène. Assaisonner. Conserver au réfrigérateur dans un contenant hermétique. Servir en garniture avec des pains pita ou comme trempette pour accompagner des crudités.

1 tasse d'aubergine cuite

1 petite gousse d'ail pilée

Jus de citron

1 c. à soupe de beurre de sésame (tahini)

Pincée de cumin

1 c. à soupe de graines de lin moulues

2 c. à soupe d'huile d'olive extra vierge

4 c. à soupe de persil frais ciselé

Pour 4 à 6 portions

Pain sans farine au fromage

Préchauffer le four à 350 °F (180 °C). Graisser un moule à pain de 8 po x 4 po (20 x 10 cm). Mélanger tous les ingrédients secs. Faire de même avec les œufs, le beurre et le yogourt. Combiner le tout en alternant le mélange d'ingrédients secs et le mélange d'ingrédients liquides. Verser dans le moule. Cuire environ 45 minutes. Le pain est prêt quand un cure-dents piqué au centre en ressort propre. Laisser refroidir avant de trancher. Griller les tranches de pain et servir avec la salade de pois chiches.

2 tasses (500 g) de farine d'amandes (amandes en poudre)
1 c. à soupe (15 ml) de poudre à pâte
1/2 tasse (125 g) de noix de Grenoble en poudre
1/2 c. à thé (2 ml) de sel de mer fin
2 œufs oméga-3
2 c. à soupe (30 ml) de beurre
3/4 tasse (200 ml) de yogourt nature faible en gras
1/2 tasse (125 g) de fromage parmesan

Salade aux noix et pois chiches

1 poivron rouge grillé en morceaux
1 courgette en morceaux
2 tasses (500 g) de pois chiches cuits
2 c. à thé (10 ml) de pâte de tomate
3 c. à soupe (50 ml) de noix de Grenoble hachées
1/4 tasse (60 ml) d'huile de chanvre ou de canola
Cumin, coriandre, gingembre fraîchement moulu, zeste de lime et ail haché (1/2 c. à thé (2 ml) de chacun)
Sel et poivre fraîchement moulu
Graines de lin moulues (facultatif)

Mélanger tous les ingrédients. Laisser reposer 1 heure. Servir avec de la laitue pour garnir un sandwich. Conserver au réfrigérateur dans un contenant hermétique.

Pour 4 sandwichs

Burger au saumon

Hacher le saumon grossièrement. Fouetter légèrement le blanc d'œuf. Mélanger tous les ingrédients. Former des galettes en utilisant 2 c. à soupe du mélange (faire de plus grosses galettes pour garnir des pains kaiser). Dans un poêlon antiadhésif, cuire les galettes de poisson dans le mélange d'huiles de 3 à 4 minutes de chaque côté, selon l'épaisseur. Badigeonner de sauce à la lime, si désiré. Déposer sur du papier absorbant pour en extraire l'excédent d'huile. Trancher les pains en deux et les napper de mayonnaise maison, si désiré. Agrémenter de légumes frais.

Galette de saumon

14 oz (400 g) de saumon

1 blanc d'œuf oméga-3

4 c. à soupe (60 ml) de farine de riz

2 c. à thé (10 ml) de zeste de lime

1 c. à thé (5 ml) de gingembre haché

2 c. à soupe (30 ml) d'oignons rouges hachés

2 c. à soupe (30 ml) de persil haché

1/2 c. à thé (2 ml) d'huile de canola et d'huile d'olive

1 pincée de poivre de Cayenne

4 pains kaiser au blé entier

Mayonnaise maison

Sauce à la lime (facultative)

Le jus de 2 limes

4 c. à soupe (60 ml) d'huile de canola

2 c. à soupe (30 ml) d'huile de noix

1 c. à thé (5 ml) de sauce soya

1 c. à thé (5 ml) de miel

Pour 2 sandwichs

Croque-madame
au saumon

Pour la béchamel, mélanger la margarine ou l'huile avec la farine. Dans une casserole, verser le lait et chauffer jusqu'à frémissement. Ajouter le roux (mélange de farine et de beurre ou d'huile) et cuire à feu moyen-élevé tout en continuant de fouetter jusqu'à épaississement. Assaisonner. Retirer du feu. Sous le gril, cuire les tranches de pain aux amandes, vaporisées d'huile d'olive. Préparer le croque-madame en ajoutant le saumon fumé, la moutarde et les garnitures au choix. Napper le sandwich de sauce chaude. Saupoudrer du fromage mozzarella râpé. Griller au four de 4 à 5 minutes à 400 °F (205 °C) sur une plaque à cuisson. Servir chaud.

4 tranches de pain aux amandes
(sans farine)*
4 tranches de saumon fumé
4 c. à thé (5 ml) de moutarde de Dijon
1/2 tasse (125 g) de fromage
mozzarella écrémé
Huile d'olive en vaporisateur
Sauce béchamel
Roux
1 c. à soupe (15 ml) de margarine
non hydrogénée ou d'huile de canola
1 c. à soupe (15 ml) de farine
non blanchie
3/4 tasse (180 ml) de lait 1 %
1 pincée de noix de muscade
Sel et poivre
Garnitures (au choix)
2 c. à soupe (30 ml) d'olives noires
tranchées
1 c. à soupe (15 ml) de câpres
2 rondelles d'oignon grillées
1 c. à thé (5 ml) d'aneth ciselé
24 bébés épinards
6 à 8 asperges cuites

*voir recette P.21

Pour 2 sandwichs

Panini au jambon
ananas grillé

Chauffer le gril à panini. Éponger les tranches d'ananas. Parsemer de poivre noir et de romarin frais pour aromatiser (ou séché si désiré). Griller quelques minutes. Enlever le romarin. Réserver. Essuyer le gril. Faire de même avec le jambon. Trancher le pain à l'horizontale et le recouper en deux portions. Badigeonner la mie de moutarde au miel. Déposer les épinards, le jambon, l'ananas et les noix. Fermer le demi-sandwich. Griller quelques minutes pour réchauffer le pain. Servir.

1 tranche (100 g) de jambon au miel

2 tranches d'ananas frais

1 brin de romarin

1 c. à thé (5 ml) de poivre noir moulu

1 c. à soupe (15 ml) de noix hachées
(pistaches, pacanes)

1 gros pain ciabatta

Moutarde au miel

Garniture

Feuilles d'épinards

Moutarde au miel

1 partie de moutarde de Dijon
ou de moutarde préparée (jaune)

1 partie de miel doux

Poivre noir moulu (facultatif)

Moutarde au miel

Mélanger à la fourchette les ingrédients. Conserver au réfrigérateur dans un contenant hermétique.

Pour 4 sandwichs

Sandwich d'agneau et ketchup aux abricots et aux tomates séchées

Couper l'oignon en dés. Saler et poivrer la viande. Badigeonner de moutarde mélangée avec l'origan séché. Chauffer l'huile dans un poêlon et cuire les tranches d'agneau à feu moyen en les retournant une fois que le sang commence à sortir ou au goût. Tiédir 10 minutes dans une feuille d'aluminium et couper en lanières. Faire revenir l'oignon quelques minutes avec les feuilles d'origan frais. Réserver. Badigeonner le pain de ketchup aux abricots. Ajouter la viande. Garnir de légumes au choix. Fermer le sandwich avec une tranche de pain vaporisée d'huile d'olive. Servir immédiatement.

3/4 lb (800 g) d'agneau (épaule avec les os)

Sel et poivre noir moulu

1 c. à soupe (15 ml) d'huile d'olive extra vierge

1 oignon rouge moyen

1 c. à thé (5 ml) d'origan séché

1 c. à soupe (15 ml) de feuilles d'origan

1 c. à soupe (15 ml) de moutarde de Dijon

8 tranches de pain de grains

Huile d'olive en vaporisateur

Garnitures suggérées

Concombres, tomates, pousses d'épinard

Ketchup aux abricots

10 abricots secs hachés

4 tomates séchées hachées

2/3 à 1 tasse (160-240 ml) de bouillon de poulet

Feuilles de romarin
(brin de 1 pouce - 2,5 cm)

1 petite échalote française hachée

1 c. à thé (5 ml) d'huile d'olive extra vierge

2 c. à soupe (30 ml) de confiture d'abricot

Ketchup aux abricots

Tremper les tomates et les abricots hachés dans le bouillon de poulet chaud avec le brin de romarin jusqu'à ce qu'ils aient ramolli. Chauffer l'huile dans une casserole. Y faire revenir l'échalote. Ajouter les tomates et les abricots avec le bouillon et le romarin. Laisser mijoter à feu doux sans couvercle environ 30 minutes. Incorporer la confiture 5 minutes avant la fin. Mélanger. Tiédir hors du feu. Retirer le romarin. Conserver dans un contenant hermétique au réfrigérateur si on le prépare à l'avance.

Pour 2 sandwichs

Sandwich au bœuf et aux oignons caramélisés

Montage du sandwich

Cuire le bœuf au goût. Réserver dans une feuille d'aluminium. Tartiner une tranche de pain de mayonnaise et l'autre de moutarde de Dijon. Trancher les tomates et la viande. Étaler sur une tranche de pain. Ajouter une cuillère d'oignons caramélisés. Refermer le sandwich. Couper en deux.

Trancher les oignons assez minces. Les tremper dans de l'eau froide. Transférer les oignons dans un chaudron. Verser le vinaigre et ajouter les épices. Cuire à feu moyen élevé en mélangeant. Réduire le feu. Mijoter 15 minutes à couvert. Ajouter la cassonade et continuer la cuisson sans couvercle jusqu'à ce que les oignons soient très tendres et que le sirop ait réduit au moins de moitié, soit environ 1 heure à feu doux. Brasser de temps en temps. Conserver dans des contenants hermétiques stériles comme pour une confiture maison ou au réfrigérateur pendant 2 mois.

1/2 lb (175 g) de bœuf (tournedos, rôti)

2 c. à soupe (30 ml) d'oignons caramélisés

4 tranches de pain 7 grains

Confiture d'oignons

2 oignons rouges moyens

3/4 tasse (180 ml) de vinaigre de vin

1 c. à soupe (15 ml) d'huile d'olive

1/3 tasse (72 g) de cassonade

1/2 c. à thé (2,5 ml) de chacun : cumin, coriandre, moutarde sèche

Garnitures suggérées

Moutarde de Dijon ou mayonnaise

4 tranches de tomates

2 feuilles de laitue Boston

Pour 1 sandwich

Club sandwich
pomme gingembre

Mélanger le tout. Réfrigérer 1 heure avant de servir pour développer les saveurs. Doubler la recette et conserver dans un contenant hermétique environ 1 semaine au réfrigérateur. Pour la mayonnaise, mélanger le tout.

Cuire le bacon jusqu'à ce qu'il soit croustillant. Déposer sur du papier absorbant. Couper les tranches en morceaux d'un pouce (2,5 cm). Trancher la tomate et l'épépiner. Saler et poivrer au goût. Couper le poulet en lanières. Hacher la laitue. Faire griller le pain au grille-pain. Tartiner les tranches d'une fine couche de beurre d'un seul côté. Disposer de la laitue sur une première tranche de pain. Ajouter le poulet puis refermer avec une autre tranche de pain. Tartiner de mayonnaise cette deuxième tranche et déposer les tranches de tomate et les morceaux de bacon. Terminer avec de la laitue. Fermer le sandwich avec la troisième tranche de pain grillé tartinée de mayonnaise. Couper en triangles et piquer les portions avec des cure-dents. Servir avec des croustilles.

2 tranches de bacon

1/4 lb (115 g) de poitrine de poulet cuite

1 petite tomate

2 feuilles de laitue

2 à 3 c. à soupe (30 à 45 ml)
de mayonnaise
pomme gingembre

3 tranches de pain kamut brioché

1 c. à thé (5 ml) de beurre non salé

Mayonnaise au gingembre
et aux pommes

4 c. à soupe (60 ml) de pomme sûre
(Granny Smith) hachée fin

2 c. à thé (10 ml) de gingembre râpé

4 c. à soupe (60 ml) de mayonnaise

Pincée de poivre noir moulu

Pour 2 sandwichs

Sandwich de tartare
aux agrumes

Fouetter tous les ingrédients de la sauce dans un bol. Assaisonner le poisson de sel et de poivre et le tailler en petits dés. Verser 1 c. à soupe (15 ml) de sauce aux agrumes. Mélanger et réfrigérer 15 minutes. Couper les légumes choisis et la mangue en tranches fines. Badigeonner de sauce aux agrumes la mie de pain. Déposer de la laitue sur une face. Ajouter du tartare à la cuillère. Parsemer de ciboulette. Garnir de légumes. Fermer le sandwich. Servir immédiatement.

1/4 lb (115 g) de turbot

1/4 lb (115 g) de saumon

4 tranches de pain de seigle grillées

Sauce aux agrumes

2 c. à soupe (30 ml) d'huile d'olive extra vierge

1/4 c. à thé (1 ml) d'huile de chanvre

1 c. à soupe (15 ml) de jus de citron

1/4 tasse (60 ml) de jus d'orange

1/2 c. à thé (2,5 ml) de zeste d'orange et de citron

4 feuilles de menthe fraîche hachées

Pincée de sel et poivre noir moulu

Garnitures

Concombre, carotte, mangue

Fleur de sel, ciboulette hachée

Mesclun

Pour 2 sandwichs

Sandwich au thon grillé

Chauffer l'huile à feu moyen. Dorer les oignons verts tranchés. Verser la sauce Mirin. Remuer. Réduire le feu et cuire environ 10 minutes. Déposer sur du papier essuie-tout. Badigeonner le thon de sauce soya. Parsemer un côté de zeste de citron. Griller le poisson entier dans l'huile de canola. Servir avec les oignons caramélisés. Garnir de tranches de poivron, de coriandre et d'épinards ou de laitue.

6 oignons verts hachés

1 à 2 c. à thé (5 à 10 ml) d'huile de canola

1/4 c. à thé (1 ml) de sauce Mirin

3,53 oz (100 g) de thon rouge

1/4 à 1/2 c. à thé (1 à 2 ml) de sauce soya légère

1 à 2 c. à thé (5 à 10 ml) de vermouth ou de vin blanc (facultatif)

1/4 c. à thé (1 ml) de zeste de citron

Huile de canola

Garniture

4 rondelles de poivron rouge

1 brin de coriandre

3 à 4 feuilles d'épinards ou de laitue romaine

Pour 2 sandwichs

Club sandwich
Tex Mex

Dans un bol en verre ou en inox, mélanger les ingrédients de la sauce. Réfrigérer de 30 à 60 minutes afin que les saveurs se développent. Trancher la tomate et assaisonner au goût. Couper l'avocat en tranches fines et les arroser de jus de citron frais. Griller les tranches de pain et les beurrer légèrement aussitôt. Les recouvrir d'une feuille d'aluminium. Napper 2 tranches de pain de sauce épicée. Assembler le sandwich en alternant avec les légumes, le fromage, le jambon et la dinde. Garnir d'olives sur la dernière tranche. Piquer les sandwichs avec des cure-dents. Couper le sandwich en portions. Servir.

2 tranches de poitrine de dinde

2 tranches de jambon fumé

2 tranches de fromage cheddar

4 tranches de pain de seigle

Beurre mi-salé ou huile d'olive en vaporisateur

Garnitures suggérées

1 tomate moyenne tranchée

1/2 avocat Hassa mûr tranché

2 c. à soupe (30 ml) d'olives noires tranchées

1 c. à thé (5 ml) de jus de citron

Sauce épicée

Pour 1/2 tasse (120 ml)

1/4 tasse (60 ml) de chacun : mayonnaise, crème sure

1/4 tasse (60 ml) de coriandre hachée

1/2 petite gousse d'ail hachée fin

1/4 c. à thé (1 ml) de cumin et zeste de lime

Quelques gouttes de Tabasco

1 c. à thé (5 ml) de piment jalapeno haché fin

Sel et poivre noir moulu

Pour 1 sandwich

Sandwich à la salade marocaine et au chèvre

Dans un bol, incorporer le zeste, la menthe hachée et le fromage. Mélanger à la fourchette. Déposer le mélange entre 2 feuilles de papier sulfurisé (ciré). Former une bûche. Répartir le mélange de noix sur une autre feuille de papier sulfurisé. Rouler la buchette dans les noix à quelques reprises pour bien l'enrober. L'envelopper en papillote. Réfrigérer au moins 1 heure avant de couper.

Couper les quartiers d'orange en morceaux en ayant pris soin d'enlever la peau et la membrane blanche amère. Préparer la vinaigrette en fouettant tous les ingrédients dans un saladier. Incorporer les fruits, les légumes et les herbes. Mélanger délicatement. Assaisonner de sel et de poivre au goût. Laisser s'imprégner les saveurs 30 minutes environ. Trancher des rondelles de fromage ou tartiner les tranches de pain. Répartir à la cuillère une portion de salade sur chaque tranche. Garnir d'une rondelle de fromage. Fermer le sandwich ou servir ouvert. Garnir d'une feuille de coriandre fraîche.

2 oz (50 g) de fromage chèvre pistaches et menthe

4 tranches de pain brioché

Vinaigrette à la fleur d'oranger

Garniture

Salade marocaine

Buchette de fromage aux herbes et pistaches

1/4lb (115 g) de fromage de chèvre

1/4 tasse (33 g) de pistaches hachées finement

2 c. à soupe (30 ml) de menthe hachée fin

1/2 c. à thé (2,5 ml) de zeste de citron fin (facultatif)

Salade marocaine

4 quartiers d'orange

1 c. à soupe (15 ml) d'olives noires hachées

1 tranche de cantaloup en dés

1 c. à thé (5 ml) d'oignon rouge émincé

1/2 petit bulbe de fenouil émincé

1 c. à thé (5 ml) de menthe fraîche hachée

1 c. à thé (5 ml) de coriandre fraîche hachée

Vinaigrette à la fleur d'oranger

1 c. à thé (5 ml) d'huile d'olive

1/2 c. à thé (2,5 ml) de jus de citron

1/4 c. à thé (1 ml) d'eau de fleur d'oranger

1 c. à thé (5 ml) de miel doux

1/4 c. à thé (1 ml) de coriandre moulu

Sel et poivre noir du moulin

Pour 4 sandwichs

Sandwich pour le thé au concombre et au beurre à l'estragon

8 tranches de pain blanc

1 concombre moyen

4 c. à thé (20 ml) de beurre à l'estragon

Beurre aromatisé à l'estragon

1 lb (454 g) de beurre mi-salé

1 bouquet d'estragon frais

Hacher les herbes finement à l'aide d'un couteau. Sortir le beurre environ 1 heure à l'avance. Le ramollir entre 2 feuilles de papier ciré en le travaillant avec les paumes. Incorporer les feuilles d'estragon hachées. On peut aussi le passer au robot culinaire pour bien mélanger. Former une bûche en roulant le mélange sur une feuille de papier ciré. Envelopper en papillote. Réfrigérer au moins 1 heure.

Trancher le concombre en rondelles minces en conservant la pelure si désiré. À l'aide d'un couteau effilé, couper les croûtes du pain. Trancher le pain en pointes. Tartiner l'intérieur de beurre d'estragon, sur une face ou sur les deux, au goût. Déposer environ 4 rondelles de concombre. Refermer avec la deuxième tranche de pain. Réfrigérer 1 heure avant de servir en prenant soin de recouvrir l'assiette de service d'une pellicule plastique.

Suggestion

Pour une conservation maximale, envelopper les bûchettes dans du papier d'aluminium. Elles se conserveront jusqu'à un an au congélateur. On peut varier ce beurre en y ajoutant le zeste d'un citron.

Pour 2 à 4 sandwichs

Sandwich aux œufs classique

Percer le bout des œufs avec une aiguille. Immerger les œufs dans l'eau d'une casserole. Faire bouillir de 10 à 12 minutes pour un jaune ferme. Écaler et laisser refroidir les œufs. Déposer les œufs dans un bol et les écraser à la fourchette. Incorporer la mayonnaise et la moutarde et bien mélanger. Ajouter le céleri, l'oignon vert et les olives. Saler et poivrer au goût. Couper les croûtes du pain avec un couteau effilé. Beurrer l'une des 2 tranches de pain. Tartiner l'autre avec la préparation aux œufs. Couper le poivron en lanières. En garnir deux bordures. Fermer les sandwichs. Refroidir au réfrigérateur sous une pellicule plastique. Couper en pointes ou en carrés. Servir frais.

3 gros œufs à la coque

1/4 tasse (60 ml) de mayonnaise maison

1/2 c. à soupe (7,5 ml) de moutarde de Dijon

1/2 tasse (125 ml) de céleri haché fin

2 petits oignons verts hachés fin

4 olives vertes hachées

1/4 c. à thé (1 ml) de poivre noir moulu

1/4 c. à thé (1 ml) de sel de mer fin (facultatif)

1 poivron rouge rôti

2 tranches de pain blanc enrichi

2 tranches de pain de blé entier

Beurre mi-salé

Suggestion

Préparés à l'avance (1 à 2 jours), les sandwichs doivent être recouverts d'un chiffon humide avant de les envelopper d'une pellicule plastique. Doubler ou tripler la recette selon vos besoins. La préparation aux œufs peut se préparer une journée à l'avance.

Pour 4 sandwichs

Sandwich cajun
aux crevettes

Couper les tomates et le poivron en dés et les okras en rondelles. Dans une casserole porter l'eau à ébullition. Réduire le feu. Cuire tous les légumes avec l'ail, les épices cajun, le chili, la pâte et la sauce tomate en remuant pendant 5 minutes. Ajouter les crevettes. Cuire 2 à 3 minutes ou jusqu'à ce que les crevettes soient rosées. Saler et poivrer au goût. Tiédir. Trancher les petits pains et déposer de la laitue hachée. Verser de la préparation aux crevettes. Garnir d'une cuillère de crème sure. Servir.

5 oz (150 g) de crevettes moyennes

1 c. à thé (5 ml) d'épices cajun

1/8 c. (0,5 ml)à thé de chili concassé (facultatif)

1 gousse d'ail hachée

1 c. à soupe (15 ml) de pâte de tomate

1/4 tasse (60 ml) de sauce tomate

1/4 tasse (60 ml) d'eau filtrée

1 c. à thé (5 ml) de fécule de maïs

2 okras (aussi appelé Gombo)

2 tomates épépinées

1/4 tasse (60 ml) de maïs frais

1/2 poivron vert haché

Sel et poivre noir moulu

2 pains ronds croûtés

Laitue en feuille

1/4 tasse (60 ml) de crème sure

Sandwich au fromage Halloumi grillé

Pour un hoummos plus velouté, frotter les poischiches entre vos mains pour en détacher la pelure. Déposer tous les ingrédients du hoummos dans un robot culinaire. Pulser en ajoutant de l'huile jusqu'à consistance lisse. Conserver dans un bocal hermétique au réfrigérateur.

Trancher les poivrons en lanières, l'oignon et les tomates en quartiers. Faire sauter les légumes avec l'ail haché. Saupoudrer d'origan. Remuer. Réserver. Ouvrir les pains pitas avec la pointe d'un couteau effilé. Tartiner l'intérieur d'hoummos épicé. Badigeonner légèrement d'huile des tranches de fromage d'environ 1/2 pouce (env. 1,25 cm). Chauffer une poêle cannelée antiadhésive et faire dorer les tranches de fromage de chaque côté à feu moyen jusqu'à ce qu'elles commencent à ramollir uniformément. Farcir les pains d'une portion de légumes et d'une tranche de fromage. Garnir d'olives tranchées. Saupoudrer d'herbes, arroser de jus de citron si désiré. Faire de même avec les autres tranches de pain. Servir immédiatement.

12 tomates cerise

2 poivrons

1 oignon doux

1 petite gousse d'ail (facultatif)

1 c. à soupe (15 ml) d'huile d'olive extra vierge

2 c. à thé (10 ml) d'origan haché

1 c. à soupe (15 ml) de jus de citron frais

1/2 lb (200 g) d'Halloumi

Sel et poivre noir moulu

4 pains pitas

Garnitures

4 c. à soupe (60 ml) d'olives noires Kalamata

Hoummos épicé

Persil, menthe ou basilic frais haché

Hoummos épicé

1 boîte (540 ml) de pois chiches

1 c. à soupe (15 ml) de beurre de tahini

1 grosse gousse d'ail hachée

1/4 tasse (60 ml) d'huile d'olive extra vierge

1 c. à soupe (15 ml) de jus lime

Pincée de cumin en poudre

2 c. à thé (10 ml) de Sambal Oelek

Pour 2 sandwichs

Baguette de tartare
de bœuf oriental et foie de canard

Mélanger tous les ingrédients sauf le foie de canard dans un bol en verre. Former des petits pâtés de la même grosseur que le pâté de foie de canard. Trancher la baguette. Mettre 1 tranche de tomate cerise sur chaque tranche de pain. Déposer le tartare. Garnir d'une rondelle de foie de canard. Servir immédiatement.

1/8 lb (50 g) de foie gras de canard

1/4 lb (115 g) de bœuf haché extra-maigre

2 c. à soupe (30 ml) de gingembre confit

1 c. à thé (5 ml) de ciboulette hachée

1 c. à thé (5 ml) d'oignon rouge haché fin

2 c. à thé (10 ml) combles de coriandre hachée (ou persil haché)

2 c. à thé (10 ml) de sauce soya légère (réduite en sel)

1 c. à thé (5 ml) de ketchup au chili

1 c. à thé (5 ml) de moutarde de Dijon

1 c. à thé (5 ml) d'huile d'olive extra vierge

Quelques gouttes d'huile de sésame

1 c. à thé (5 ml) de jus de lime

1/2 c. à thé (2,5 ml) de vinaigre de riz

Baguette de pain croûté au sésame

Garniture

2 à 3 tomates cerise

Pour 2 sandwichs

Burger d'agneau
sauce à la menthe

Préparer la sauce à la menthe la veille. Mélanger tous les ingrédients et laisser les saveurs se développer en conservant le tout dans un contenant hermétique. Hacher la menthe finement. Les incorporer à la viande. Bien mélanger. Former 4 burgers épais. Cuire immédiatement 6 à 8 minutes de chaque côté en les retournant 1 fois ou jusqu'à ce qu'ils soient bien cuits. Tartiner l'intérieur d'un pain de sauce à la menthe. Garnir de rondelles de concombre, d'olives et d'une feuille de laitue. Servir.

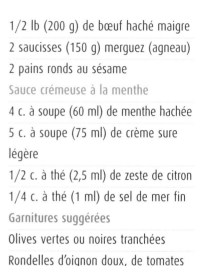

1/2 lb (200 g) de bœuf haché maigre

2 saucisses (150 g) merguez (agneau)

2 pains ronds au sésame

Sauce crémeuse à la menthe

4 c. à soupe (60 ml) de menthe hachée

5 c. à soupe (75 ml) de crème sure légère

1/2 c. à thé (2,5 ml) de zeste de citron

1/4 c. à thé (1 ml) de sel de mer fin

Garnitures suggérées

Olives vertes ou noires tranchées

Rondelles d'oignon doux, de tomates

Laitue romaine

Pour 2 sandwichs

Sandwich tortilla
saveur pizza

Préchauffer le gril à panini. Trancher les champignons. Sauter les légumes à part dans un peu d'huile d'olive avec les épices italiennes quelques minutes pour les attendrir. Tiédir hors du feu. Badigeonner tout l'intérieur du tortilla de pâte de légumes. Vaporiser d'huile d'olive. Étendre les rondelles de saucisson et le mélange de légumes dans la moitié supérieure du pain. Ajouter le fromage râpé. Rabattre l'autre moitié pour former une demi-lune. Cuire sur le gril à panini jusqu'à ce que le fromage soit fondu. Trancher en deux portions. Servir immédiatement.

12 rondelles (40 g) de pepperoni au tofu

2 tomates séchées réhydratées en dés

2 c. soupe (30 ml) de pâte de légumes en tube

1/4 de poivron vert en dés

1 petit oignon en dés fins

4-5 champignons de Paris

1/2 c. thé (2,5 ml) d'huile d'olive

1 tasse (100 g) fromage mozzarella léger

1 c. à thé (5 ml) de mélange d'épices italiennes

Huile d'olive en vaporisateur

1 grand pain tortilla à l'ail (10 po ou 25 cm)

Pour 2 sandwichs

Sandwich au steak aigre-doux

Chauffer une poêle en fonte. Assaisonner la viande. Saisir la viande de chaque côté de 5 à 7 minutes ou selon la cuisson désirée. Réserver dans une assiette recouverte d'une feuille d'aluminium. Mélanger tous les ingrédients de la sauce dans un bol. Chauffer l'huile dans un poêlon à feu moyen. Ajouter les légumes. Cuire 2 minutes. Verser la sauce. Remuer. Cuire quelques minutes ou jusqu'à ce que la sauce ait épaissi. Retirer du feu. Ajouter un peu d'eau au besoin. Détailler le bœuf en tranches minces. Trancher les pains en deux sur la longueur. Vaporiser une des moitiés d'huile d'olive. Ajouter une feuille de laitue sur une des moitiés. Disposer la moitié des tranches de viande. Couvrir de sauce. Garnir de légumes. Refermer le sandwich. Servir.

1/2 lb (175 à 200 g) de steak de bœuf (faux-filet, ronde)

1 c. à thé (5 ml) de poivre noir concassé

1 c. à thé (5 ml) d'huile d'olive

1/4 c. à thé (1 ml) de fleur de sel

2 pains croûtés

Huile d'olive en vaporisateur

Sauce

1 c. à thé (5 ml) d'huile de canola

1/2 c. à thé (2,5 ml) de sauce soya légère

1 c. à thé (5 ml) de concentré de jus d'orange

1 c. à thé (5 ml) de pâte de tomate

1 c. à thé (5 ml) de vinaigre balsamique

1/2 gousse d'ail hachée (1/2 c. à thé)

1 c. à thé (5 ml) de fécule de maïs

1/4 tasse (60 ml) d'eau filtrée

Garniture

1/4 de poivron vert et jaune en fines lanières

2 oignons verts hachés

2 feuilles de laitue

Pour 1 sandwich

Club sandwich nordique

Blanchir le chou quelques minutes et le refroidir. Mélanger tous les ingrédients de la salade. Griller le pain si désiré. Tartiner l'une des faces de fromage à la crème. Déposer le saumon. Garnir de rondelles de concombre. Fermer avec une tranche de pain. Garnir l'autre tranche de salade de chou rouge. Fermer le sandwich. Trancher en 2 ou en 4 portions. Servir.

2 tranches (30 g) de saumon fumé

1 oz (30 g) de fromage à la crème réduit en matières grasses

7 à 8 tranches de concombre minces

Aneth haché (facultatif)

Salade de chou rouge

2 à 3 tranches de pain pumpernickel (selon la grosseur du pain)

Salade de chou rouge (environ 4 portions)

1 tasse (250 ml) de chou rouge râpé fin

1 pomme en dés

2 pruneaux hachés

2 c. à soupe (30 ml) d'oignon rouge haché fin

1 c. à thé (5 ml) de moutarde de Dijon

2 c. à soupe (30 ml) d'huile d'olive ou de canola

1 c. à soupe (15 ml) d'aneth haché

Sel et poivre noir

Pour 4 sandwichs

Sandwich à la courge et au bœuf

Couper les pains en deux et les ouvrir délicatement. Tartiner l'intérieur de moutarde. Déposer de la laitue. Réserver. Trancher l'oignon en rondelles pas trop minces et la courge en fines lanières. Cuire l'oignon en premier dans le beurre en remuant à feu moyen doux environ 3 à 4 minutes. Ajouter les tranches de courge en saupoudrant de cassonade et de coriandre moulue. Cuire environ 2 minutes en remuant. Ajouter un peu d'huile au besoin. Réserver. Couper le morceau de bœuf en tranches minces. Faire sauter la viande dans la même poêle, avec le basilic, jusqu'à cuisson désirée. Saler et poivrer au goût. Réserver sous une feuille de papier aluminium. Couper les tomates en quartiers. Ajouter du vinaigre balsamique dans la poêle et faire revenir les tomates 2 à 3 minutes à feu moyen. Farcir les pains de viande et de légumes. Servir immédiatement.

7/8 lb (400 g) de bœuf de palette

1 c. à soupe (15 ml) d'huile d'olive extra vierge

1 oignon jaune moyen

1/2 petite courge poivrée (500 g)

1 c. à soupe (15 ml) de beurre et d'huile d'olive

1 c. à soupe (15 ml) de cassonade

1/4 c. à thé (1 ml) de coriandre moulue

4 feuilles de basilic ciselées

8 petites tomates cerises

1 c. à soupe (15 ml) de vinaigre balsamique

Sel et poivre noir moulu

Moutarde de Dijon provençale

4 c. à soupe (60 ml) de fromage bleu

Laitue mesclun ou roquette

4 pains pita de blé entier

Burger au
fromage bleu

Couper les poires en morceaux et les badigeonner de jus de citron. Dans une petite casserole, faire revenir l'échalote dans un peu d'huile. Verser le vin et porter à ébullition. Ajouter les poires, le zeste et le jus de citron restant, le thym et le poivre. Réduire le feu au minimum. Cuire quelques minutes. Macérer de 30 minutes à 1 heure hors du feu. Enlever le thym. Réduire en purée au mélangeur ou au robot. Conserver dans un contenant hermétique au réfrigérateur.

Former 4 burgers épais. Faire une ouverture au centre de chaque galette pour y déposer un morceau de fromage carré d'environ 1 pouce (2,5 cm). Recouvrir de viande. Cuire immédiatement 6 à 8 minutes de chaque côté en les retournant 1 fois quand la viande a croûté. Griller les pains si désiré. Tartiner l'intérieur de chacun de sauce aux poires. Garnir d'une feuille de laitue. Parsemer de noix hachées et d'herbes. Servir.

1 lb (454 g) de veau ou de boeuf maigre haché

1 morceau de fromage bleu (Stilton, Danois, Gorgonzola)

4 pains kayser au sésame

Garnitures suggérées

Cresson, roquette ou laitue romaine

Sauce aux poires

Thym et ciboulette hachée

8 pacanes hachées

Sauce aux poires

4 poires Bosc en dés (2 tasses/500 ml)

Le jus de 1/2 citron

1 petite échalote française hachée

1 c. à thé (5 ml) d'huile d'olive extra vierge

1/2 tasse (125 ml) de vin sucré type Marsala

1/2 c. à thé (2,5 ml) de zeste de citron

1 brin de thym

1/2 c. à thé (2,5 ml) de poivre noir

Sandwich au canard fumé à l'érable

Trancher la baguette en tranches d'environ 1/2 pouce (1,25 cm) et couper les raisins en deux. Badigeonner les tranches de pain de vinaigrette à l'érable. Couper le magret en tranches moyennement fines. Garnir les tranches de pain de 1 à 2 feuilles de mesclun et de menthe hachées. Déposer une tranche de magret et badigeonner de vinaigrette. Ajouter des raisins. Servir ouvert en offrant une seconde tranche de pain badigeonnée de vinaigrette.

1/4 lb (90 g) de magret de canard fumé

1/2 baguette de pain croûté

Vinaigrette orange et érable

Garnitures

Mesclun, menthe hachée

4 à 6 raisins verts ou rouges sans pépin

Vinaigrette orange et érable

1 c. à thé (5 ml) de zeste d'orange

4 feuilles de menthe hachées

1 c. à thé (5 ml) de sirop d'érable

1 c. à thé (5 ml) de vinaigre balsamique blanc ou rouge

1 c. à soupe (15 ml) d'huile d'olive extra vierge

Burger aux fruits de mer sud-américain

Hacher tous les ingrédients au robot. Ajouter l'œuf et la chapelure assaisonnée en pulsant jusqu'à ce que le mélange soit homogène. Façonner des pâtés. Réfrigérer 30 minutes. Cuire les pâtés de fruits de mer dans une poêle antiadhésive 4 minutes de chaque côté en les aplatissant légèrement. Vaporiser d'huile les pains. Griller les pains si désiré. Tartiner l'un des côtés de mayonnaise ou de moutarde au goût. Déposer du fromage, de la laitue et le pâté de fruits de mer. Ajouter une cuillérée de salsa. Fermer le sandwich. Servir immédiatement.

À l'aide d'une râpe fine, réduire des morceaux de pain sec pour obtenir une chapelure. Ajouter les herbes et les épices. Saler. Bien mélanger. Conserver au sec dans un sac en plastique ou un contenant hermétique.

Couper le demi-poivron et l'oignon en quatre. Égoutter les tomates. Déposer tous les ingrédients au robot. Pulser à quelques reprises pour hacher davantage les tomates et mélanger. Goûter pour ajuster l'assaisonnement. Saler et poivrer au goût. Ajouter quelques gouttes de Tabasco au goût. Conserver dans un contenant hermétique au réfrigérateur.

Salsa express

1 boîte (540 ml) de tomates en dés
1 c. à thé (5 ml) de piment jalapeno mariné
1 petit oignon
1/2 poivron vert
1 c. à soupe (15 ml) d'huile d'olive
Quelques gouttes de Tabasco
1/2 c. thé (2,5 ml) de sucre
1/2 c. à thé (2,5 ml) de poivre noir moulu
Pincée de sel kosher

Couper le demi-poivron et l'oignon en quatre. Égoutter les tomates. Déposer tous les ingrédients au robot. Pulser à quelques reprises pour hacher davantage les tomates et mélanger. Goûter pour ajuster l'assaisonnement. Saler et poivrer au goût. Ajouter quelques gouttes de Tabasco au goût. Conserver dans un contenant hermétique au réfrigérateur.

1/2 lb (225 g) de pétoncles

1/2 lb (225 g) de crevettes moyennes

1 œuf battu

1/4 tasse (35 g) de chapelure assaisonnée

1 c. à thé (5 ml) de zeste de lime

2 oignons verts

4 pains à hamburger multigrain

Huile d'olive en vaporisateur

Mayonnaise maison, moutarde

Salsa express

Laitue romaine

4 tranches de fromage mozzarella

Chapelure assaisonnée

1/2 tasse (125 ml) de chapelure fine

1/4 c. à thé (1 ml) de chacun des ingrédients : coriandre et cumin, basilic, thym, persil séché

1/8 c. à thé (0,5 ml) de chili ancho moulu

1/2 c. à thé (2,5 ml) de sel de mer fin

Pour 1 sandwich

Sandwich chaud au poulet sauce fromagée

Pour la béchamel, mélanger le beurre avec la farine. Trancher le fromage en lamelles fines. Verser le lait dans un petit chaudron et chauffer jusqu'à frémissement. Ajouter le roux (mélange de farine et de beurre) et la pincée de muscade. Cuire à feu moyen-élevé en fouettant jusqu'à épaississement. Ajouter le fromage en mélangeant. Assaisonner de poivre moulu. Retirer du feu. Cuire les petits pois selon les instructions sur l'emballage. Égoutter. Dans une assiette de service, déposer le poulet sur une tranche de pain. Napper d'une cuillérée de sauce chaude. Fermer le sandwich. Verser le reste de la sauce. Ajouter les pois. Servir immédiatement.

1/4 lb (75 à 115 g) de poulet cuit (viande blanche ou brune)
Sauce au fromage
2 tranches de pain de grains
Garniture suggérée
3 c. à soupe (45 ml) de petits pois
Sauce au fromage
1 c. à soupe (15 ml) de farine non blanchie
1 c. à soupe (15 ml) de beurre
3/4 tasse (180 ml) de lait entier
1 tranche (40 g) de fromage emmenthal
1 oignon vert haché
Pincée de noix de muscade
Sel et poivre noir moulu

Pour 4 sandwichs

Sandwich bicolore pour le thé

Ramollir le fromage au micro-ondes 20 secondes environ. Mélanger tous les ingrédients à l'aide d'une fourchette. Poivrer au goût. Éviter de saler, le poisson fumé l'est déjà. Couper les croûtes du pain. Napper du mélange la surface de pain blanc. Tartiner de beurre le pain brun si désiré. Garnir de laitue. Fermer le sandwich. Conserver le reste du mélange au réfrigérateur dans un contenant hermétique. Servir avec des câpres.

4 oz (125 g) de fromage à la crème allégé

2 c. à soupe (30 ml) de truite fumée hachée

1/4 tasse (60 ml) d'olives noires hachées (facultatif)

1 c. à soupe (15 ml) d'oignon vert haché

1 c. à soupe (15 ml) d'aneth frais haché

Quelques gouttes de Tabasco (facultatif)

Poivre noir moulu ou paprika

4 tranches de pain brun (pumpernickel)

4 tranches de pain blanc (millet, kamut)

Garnitures

Câpres

Mesclun

Suggestion

Le saumon fumé convient également pour préparer ce fromage. Le persil ou la ciboulette peuvent remplacer l'aneth. Les câpres peuvent être ajouté au mélange de fromage.

Pour 4 sandwichs

Burger à la truite saumonée

Fouetter légèrement le blanc d'œuf dans un bol. Utiliser le côté effilé du couteau pour séparer les filets de truites de la peau. Vérifier la présence d'arête. Hacher les filets grossièrement. Déposer dans le bol. Émietter le fromage. Incorporer les autres ingrédients. Mélanger à la fourchette. Former des galettes rapidement (le mélange sera collant). Rouler dans la semoule de maïs si désiré. Réfrigérer 30 minutes. Cuire les galettes de poisson dans l'huile chaude de 3 à 4 minutes de chaque côté, selon l'épaisseur. Badigeonner l'intérieur des pains de vinaigrette au citron d'un côté et de mayonnaise ou de moutarde de l'autre. Déposer les galettes de poisson. Agrémenter de légumes tranchés. Fermer le burger. Servir.

1 1/4 lb (500 g) de filet de truite saumonée

1 blanc d'œuf

4 c. à soupe (60 ml) de farine de riz

2 c. à thé (10 ml) de zeste de citron

2 c. à soupe (30 ml) d'oignon jaune haché

2 c. à soupe (30 ml) de persil ou de coriandre haché

2 c. à soupe (30 ml) de fromage de chèvre

1/2 c. à thé (2,5 ml) d'huile de canola ou d'olive

Pincée de poivre de Cayenne

1 c. à soupe (15 ml) de semoule de maïs fine (pour la panure)

Huile de pépin de raisin ou d'olive

4 pains kaiser

Mayonnaise maison

Moutarde

Sauce au citron (optionnelle)

Le jus d'un citron

5 c. à soupe (75 ml) d'huile d'olive

1 c. à thé (5 ml) de sauce soya légère

1 c. à thé (5 ml) de miel

Garnitures suggérées

Feuille de laitue

Poivron tranché

Oignon rouge

Pour 1 sandwich

Sandwich à la salade de crevettes et melon sauce sésame

Déposer les ingrédients de la sauce dans un bol. Fouetter à la fourchette pour bien amalgamer. Déposer les morceaux de melon, le céleri tranché et les crevettes dans un bol. Verser environ 1 c. à soupe (15 ml) de sauce au beurre de sésame. Mélanger délicatement pour bien enrober. Conserver le reste de la sauce dans un petit contenant hermétique au réfrigérateur. Déposer la garniture à la cuillère sur le pain de seigle. Poivrer au goût. Servir frais.

1 petite tranche de melon d'eau en dés

1 branche de céleri tranchée

5-6 crevettes cuites (grosseur : 71-90)

Poivre noir moulu (facultatif)

2 tranches de pain de seigle allemand

Sauce au beurre de sésame

Garniture

2 feuilles de menthe

ou de basilic thaï ciselées

Sauce au beurre de sésame

4 c. à soupe (60 ml) de mayonnaise

2 c. à thé (10 ml) de beurre de sésame (tahini)

3 c. à thé (15 ml) de jus de lime

Sandwich asperges et chèvre sans gluten

Chambrer le fromage 1 heure à l'avance. L'émietter. Tamiser la farine dans un bol. Combiner tous les ingrédients de la pâte à crêpe.

Mélanger à la cuillère de bois jusqu'à consistance lisse. Laisser reposer 15 minutes. Chauffer une plaque à crêpe antiadhésive à feu moyen. Verser une louche de pâte. Cuire chaque crêpe des deux côtés pour qu'elle soit dorée. Transférer dans une assiette en attendant de garnir. Plonger les asperges dans un poêlon contenant de l'eau bouillante. Cuire environ 3 minutes pour les attendrir. Égoutter.

Vaporiser d'huile une crêpe à la fois. Placer environ 4 asperges à une extrémité de la crêpe. Ajouter du fromage. Saupoudrer d'herbes au choix. Rouler la crêpe. Nouer avec une ficelle ou un brin de rafia. Conserver dans une feuille d'aluminium ou au four chaud jusqu'au moment de servir.

1/3 lb (150 g) de fromage de chèvre

16 asperges parées

4 crêpes de sarrasin vert

Huile d'olive en vaporisateur

Garniture suggérée

Basilic ou aneth ciselé

Poivre noir moulu

Recette de pâte à crêpe (sans gluten)

1 tasse (250 ml) de babeurre écrémé ou de lait 1 %

1 tasse (120 g) de farine de sarrasin vert bio

2 pincées de sel

2 œufs

1 c. à soupe (15 ml) d'huile de canola bio

Sandwich aux tomates, mozzarella, pancetta et basilic sur muffin anglais

Trancher les muffins anglais en deux. Les vaporiser d'huile d'olive. Couper des tranches épaisses de tomate (1/2 po - 1,25 cm). Trancher la mozzarella. Recouper la pancetta de la longueur du pain au besoin. Faire le montage en déposant le fromage sur la tranche de tomate. Saupoudrer de basilic séché. Ajouter la tranche de pancetta. Déposer les muffins garnis sur une plaque à biscuits. Cuire au gril environ 5 minutes en surveillant. Retirer du four quand le fromage est fondu. Garnir de petites pousses de basilic. Servir.

3 muffins anglais

Huile d'olive

2 grosses tomates

3/8 lb (180 g) de fromage mozzarella

6 tranches de pancetta

1/4 c. à thé (1 ml) de basilic séché

Garnitures suggérées

Noix de pin, pistaches hachées

Pousses de basilic

Pour 4 sandwichs

Sandwich de saucisse sauce rougail

Faire bouillir les saucisses 5 minutes. Tiédir. Trancher les saucisses en rondelles. Hacher les légumes. Chauffer une poêle et faire revenir l'oignon et l'ail quelques minutes. Ajouter tous les autres ingrédients. Mélanger. Ajouter de l'eau et remuer. Verser le vin. Mijoter à couvert environ 10 à 15 minutes. Ajouter de l'eau au besoin. Trancher le pain et le griller au grille-pain ou au four. Badigeonner d'huile. Verser le mélange de saucisses au rougail. Servir.

240 g (3 à 4) saucisses de Toulouse

Sauce rougail

Pain traditionnel afghan ou pain de grains entiers

Huile d'olive en vaporisateur ou beurre

Garniture

Basilic ou menthe ciselé

Sauce rougail

4 grosses tomates

1 petit oignon espagnol

2 gousses d'ail

1 c. à thé (5 ml) de curcuma

1 c. à thé (5 ml) de thym séché

1/4 c. à thé (1 ml) de sel de mer

1 c. à soupe (15 ml) d'huile d'olive

1/4 c. à thé (1 ml) de poivre de Cayenne

1/4 tasse (60 ml) d'eau filtrée

1 c. à soupe (15 ml) de vin rouge (facultatif)

Pour 4 à 6 sandwichs

Sloppy Joe maison

Faire revenir les légumes hachés dans l'huile chaude pour les attendrir. Ajouter la viande, les herbes et remuer fréquemment. Diluer la fécule dans 1 cuillère à soupe (15 ml) de sauce. Verser la sauce et le mélange de fécule quand la viande n'est plus rosée. Mélanger. Cuire à feu moyen élevé 5 minutes. Ajouter la sauce Worcestershire. Bien mélanger. Fendre les pains au besoin. Prélever de la mie. Déposer au fond la laitue, du fromage et ajouter le mélange à la cuillère. Servir.

3/4 lb (340 g) de bœuf haché maigre

1 tasse (250 ml) de sauce à spaghetti préférée

1/2 c. à thé (2,5 ml) de sauce Worcestershire

1 petit oignon jaune haché

1/2 poivron vert et rouge hachés

4 champignons hachés (facultatif)

2 c. à soupe (30 ml) d'huile de canola

Épices : 1/4 c. à thé (1 ml) de thym et de marjolaine séchés

1 c. à thé (5 ml) de fécule de maïs

Sel et poivre noir moulu

4 à 6 petits pains à saucisses (chiens chauds) ou baguette française

Garniture

Laitue iceberg hachée

Fromage râpé (cheddar, mozzarella) env. 4 c. à soupe (60 ml)

Pour 4 sandwichs

Sandwich au poulet à la salsa aux fruits tropicaux

Couper le poulet en lanières et le vaporiser d'huile. Griller le poulet dans une poêle anti-adhésive avec l'oignon vert et le gingembre haché environ 5 minutes en remuant. Tartiner les tortillas de mayonnaise ou de crème sure. Déposer de la laitue. Ajouter la salsa aux fruits bien égouttée. Ajouter les lanières de poulet. Verser une autre cuillère de salsa. Terminer avec une feuille de laitue. Fermer le sandwich en repliant. Servir immédiatement.

2 blancs de poulet grillés

4 oignons verts hachés

2 c. à thé (10 ml) de gingembre haché fin

1/2 c. à thé (2,5 ml) de Sambal Oelek (facultatif)

Huile d'olive en vaporisateur

4 tortillas moyennes (7 po - 18 cm)

Garnitures suggérées

Salsa aux fruits tropicaux

1/4 tasse (60 ml) de noix variées (facultatif) (Grenoble, pin, macadam)

Mayonnaise ou crème sure

4 feuilles de laitue

Salsa aux fruits tropicaux

1 tasse (250 ml) de mangue en dés

1 boîte (284 ml) de mandarine en quartiers

1 tasse (250 ml) d'ananas en morceaux

2 c. à soupe (30 ml) d'oignon doux en dés

1/4 tasse (60 ml) de jus de goyave

2 c. à soupe (30 ml) de coriandre hachée

Pincée de poivre de cayenne (facultatif)

1/4 c. à thé (1 ml) d'essence de vanille pure

Salsa aux fruits tropicaux

Mélanger tous les ingrédients de la salsa. Macérer 2 heures au réfrigérateur. On peut aussi la réduire en une fine purée au mélangeur en allongeant avec de l'eau selon l'onctuosité désirée. Conserver au réfrigérateur dans un contenant hermétique. Ajouter du jus de citron pour allonger la période de conservation de plus d'un jour.

Pour 4 sandwichs

Sandwich
à la tapenade

Préchauffer le four à 400°F (205°C). Couper le fromage en rondelles de 1/2 pouce (1,25 cm) d'épaisseur. Trancher les tomates et couper des lanières de courgette avec un économe ou à la mandoline. Réserver.

Extraire le jus de 1/2 citron. Mélanger tous les ingrédients de la tapenade au robot culinaire jusqu'à ce que les olives soient hachées finement. Tartiner 4 tranches de muffin anglais de 2 c. à thé (10 ml) de tapenade. Garnir d'une tranche de tomate et de quelques lanières de courgette. Déposer le fromage de chèvre. Passer au four environ 7 à 8 minutes ou jusqu'à ce que le muffin soit croustillant. Garnir de petites feuilles de basilic grec.

1/4 lb (100 g) d'olives noires Kalamata

2 filets d'anchois

2 c. à thé (10 ml) de câpres

Le jus de 1/2 citron

1/2 c. à thé (2,5 ml) de moutarde de Dijon

2 c. à soupe (30 ml) d'huile d'olive extra vierge

Pincée de thym

4 tranches de fromage de chèvre au lait cru

4 muffins anglais de blé entier

Garnitures

Tomates, courgette, basilic grec

Suggestion

Ce sandwich se consomme également froid, sans cuisson.

Pour 4 sandwichs

Croque-monsieur à la moutarde de figue

Préchauffer le gril à panini. Tartiner le pain d'une couche de moutarde aux figues. Déposer des tranches de saucisson ou de jambon. Poivrer au goût. Disposer les pains garnis sur le gril. Griller jusqu'à ce que le fromage ait fondu. Servir avec une salade verte.

Cuire les figues dans le bouillon de poulet avec 1 c. à soupe de moutarde. Mélanger. Mijoter 30 minutes à feu doux. Réduire au mélangeur. Tiédir. Ajouter la moutarde de Dijon au goût (ou la moutarde douce) pour obtenir une moutarde plus assaisonnée.

3 oz (80 g) de fromage emmenthal

8 à 12 tranches de saucisson ou

8 tranches de jambon capicolli

Pincée de poivre noir moulu

8 tranches de pain croûté

Moutarde figues et miel

1 tasse (250 ml) de bouillon de poulet

1/2 tasse (125 ml) de figues séchées hachées

1 pincée de piment de la Jamaïque

1 c. à soupe (15 ml) de moutarde de Dijon

1 pincée de poivre noir

1/2 tasse (125 ml) de moutarde de Dijon

Suggestion

Éviter d'utiliser des figues trop sèches, car elles nécessiteront plus de cuisson et il faudra ajouter de l'eau à mi-cuisson.

Sandwich grillé style mexicain

Préchauffer une poêle antiadhésive à feu moyen. Dans un bol, mélanger la salsa, les poivrons et les haricots cuits. Couvrir la moitié de la tortilla de fromage. Ajouter par-dessus le mélange salsa et légumes. Rabattre l'autre moitié non garnie. Déposer dans le poêlon. Cuire le sandwich en le retournant une fois. Servir lorsque le fromage est bien fondu (environ 5 à 8 minutes). Couper le sandwich en pointes. Servir chaud.

4 à 6 c. à soupe (60 à 90 ml)
de haricots noirs ou rouges cuits
1/2 tasse (75 g) de fromage cheddar râpé
1/2 poivron de couleur en dés
1/4 tasse (60 ml) de salsa préparée
1 pain tortilla (10 po ou 25 cm
de diamètre)

Pour 8 à 12 sandwichs

Sandwich farci à la chinoise

Mélanger tous les ingrédients du ketchup chinois dans un contenant de service. Servir avec une petite cuillère. Conserver le reste au réfrigérateur enveloppé d'une pellicule plastique.

Diluer la fécule dans l'eau. Cuire la viande dans une poêle antiadhésive à feu moyen en remuant. Le mélange est cuit lorsque la viande n'est plus rosée. Dégraisser. Incorporer tous les autres ingrédients. Bien mélanger. Ajouter de l'eau au besoin. Cuire 3 à 4 minutes ou jusqu'à ce que le mélange soit bien lié. Fendre les pains et enlever de la mie. Garnir de légumes et ajouter le mélange de viande à la cuillère. Saupoudrer de graines de sésame. Servir chaud avec le ketchup chinois.

1/2 lb (225 g) de porc haché

1/4 de tasse (60 ml) d'eau

1 c. à thé (5 ml) de fécule de maïs

2 c. à soupe (30 ml) de sauce aux huîtres

1 c. à soupe (15 ml) de sauce hoisin

1 c. à soupe (15 ml) de vin chinois

1 c. à soupe (15 ml) de jus de lime

1 à 2 c. à thé (5 à 10 ml) de pâte de chili (au goût)

8 à 12 petits pains à farcir

Ketchup chinois

Garnitures suggérées

Chou et carotte râpés

Oignons verts hachés

Graines de sésame

Ketchup chinois

1 c. à soupe (15 ml) de sauce hoisin

1 c. à soupe (15 ml) de ketchup au chili

Quelques gouttes d'huile de sésame

1 c. à soupe (15 ml) de jus de lime

Pour 2 sandwichs

Sandwich roulé au végé pâté aux canneberges

Préparation de la mayonnaise : tremper les canneberges séchées dans l'eau chaude environ 10 minutes, jusqu'à ce qu'elles ramollissent; les hacher; déposer dans le robot pour mélanger tous les ingrédients, et laisser au réfrigérateur 1 heure afin que les saveurs se développent; conserver la mayonnaise dans un bocal hermétique au réfrigérateur; couper les légumes en allumettes. Dans un bol, émietter le végé pâté à la fourchette; ajouter assez de mayonnaise pour en faire un mélange crémeux; tartiner le pain généreusement en laissant une bordure d'un demi pouce (1,25 cm); ajouter une ou plusieurs garnitures au choix; rouler le pain fermement; découper en rondelles; servir avec une salade verte.

1 tranche de 50 g de végé pâté

2 petits pains tortilla (7 pouces - 18 cm)

Sauce douce aux canneberges

Sauce douce aux canneberges

1/2 tasse (125 ml) de mayonnaise au soya

1/2 tasse (125 ml) de yaourt nature léger

1 c. à soupe (15 ml) de ciboulette fraîche hachée

2 à 3 c. à soupe (30 à 45 ml) de canneberges séchées

1/ 2 c. à thé (2,5 ml) de zeste d'orange

Garnitures suggérées

Laitue, concombre, carotte

Courgettes

Pour 1 sandwich

Sandwich au pain de viande

Réchauffer la tranche de pain de viande au micro-ondes ou dans une poêle. Badigeonner une tranche de pain de ketchup. Déposer une feuille de laitue. Ajouter une tranche de viande puis une tranche de fromage. Vaporiser d'huile la seconde tranche. Fermer le sandwich. Couper en deux. Envelopper dans une feuille de papier d'aluminium, pour un pique-nique improvisé ou servir avec une tranche de cornichon piquée dans chaque portion.

1 tranche de pain de viande
(environ 1/2 pouce ou 1,25 cm)

1 tranche de fromage Havarti danois

2 tranches de pain de grains entiers

Ketchup aux tomates

Huile d'olive en vaporisateur

Garnitures

Laitue frisée

Petits cornichons tranchés

Pour 5-6 sandwichs

Sandwich au fromage bleu et noix de Grenoble

Dans un bol de verre, mélanger à la fourchette le fromage, les herbes, les noix et le cognac. Chambrer 30 minutes à une heure. Trancher le pain croûté en diagonale. Couper la poire en tranches moyennement minces. Tartiner les tranches de pain. Garnir de quelques tranches de poire et de menthe fraiche ou servir les garnitures à part dans l'assiette de service.

1/4 lb (95 g) de fromage bleu français (domaine de Bresse)

1/3 tasse (45 g) noix de Grenoble hachées

1 1/2 c. à thé (7,5 ml) de cognac

1/2 pain croûté

Garnitures

Poire d'Anjou rouge

Feuilles de menthe

Pour 2 sandwichs

Panini épinards et feta

Préchauffer le gril à panini. Trancher la viande de gigot d'agneau en morceaux grossiers. Réserver. Couper les tiges des épinards. Hacher les feuilles grossièrement. Fouetter l'huile, le vinaigre, l'origan et le poivre dans un petit bol à part.

Incorporer la viande et les épinards. Remuer pour bien enrober. Couper le fromage en tranches minces ou l'émietter. Saupoudrer de muscade si désiré. Trancher le pain à l'horizontale. Couper la gousse d'ail en deux et en frotter la mie de pain. Déposer le fromage. Ajouter le mélange d'épinards et de morceaux d'agneau. Garnir de tomate et d'olives au goût. Fermer le sandwich. Griller quelques minutes ou jusqu'à ce que le fromage soit fondant. Servir.

2 tranches (100 g) de gigot d'agneau cuit

10 feuilles d'épinards frais nettoyées

6 1/2 oz (75 g) de fromage féta écrémé

Pincée de muscade

2 pains ciabatta

1 gousse d'ail

Vinaigrette à l'huile de noix

Garnitures facultatives

Tomates

Olives noires hachées

Vinaigrette à l'huile de noix

1 c. à thé (5 ml) d'huile de noix

1 c. à thé (5 ml) d'huile d'olive
extra vierge

1 c. à thé (5 ml) de vinaigre balsamique

2 c. à thé (10 ml) d'origan frais haché

Poivre noir moulu

Pour 1 sandwich

Bagel au pâté de campagne sauce à la mangue

Tailler le pâté en morceaux de la largeur du bagel. Mélanger les ingrédients de la sauce à la fourchette. Conserver dans un bocal hermétique au réfrigérateur. Griller les moitiés de bagels au grille-pain. Tartiner l'intérieur de beurre puis de sauce à la mangue. Disposer les garnitures au choix. Ajouter le pâté. Garnir de pistaches hachées. Saupoudrer de persil frais haché. Fermer le sandwich. Couper en deux. Servir ou emballer dans une pellicule plastique pour le lunch (conserver au frais).

1 tranche (20 g) de pâté de campagne à l'ail

1 bagel aux graines de sésame

Beurre non salé

Sauce à la mangue

Garnitures

Concombre, poivron de couleur, mangue

Pistaches, persil haché

Sauce à la mangue

1/2 tasse (125 ml) de crème sure

1/2 tasse (125 ml) de babeurre (ou yaourt nature)

2 c. à soupe (30 ml) de chutney à la mangue (doux ou piquant)

2 c. à soupe (30 ml) de moutarde de Dijon

1 c. soupe (15 ml) de jus de citron

2 c. à soupe (30 ml) d'huile d'olive

Sandwich aux œufs à l'aïoli et aux anchois

Percer la coquille des œufs. Cuire les œufs 10 à 12 minutes. Les refroidir. Écaler et refroidir les œufs avant de les couper en rondelles. Réserver. Mélanger à la fourchette la mayonnaise, l'ail et l'huile dans un bol. Ajouter le persil et l'origan.

Couper 4 tranches de pain. Tartiner l'intérieur d'aïoli. Déposer les rondelles d'œufs à la coque. Garnir de feuilles de cresson ou de mesclun. Refermer avec la deuxième tranche de pain tartinée aussi d'aïoli.

2 œufs oméga-3 à la coque

4 feuilles de basilic

2 filets d'anchois hachés

Sauce type aïoli

2 pains ciabatta aux olives noires

Aïoli express

1 tasse (250 ml) de mayonnaise maison

3 à 5 gousses d'ail hachées finement

1/4 tasse (60 ml) de persil haché fin

1 c. à thé (5 ml) d'origan haché

1/2 c. à thé d'huile (2,5 ml) de lin ou de citrouille (facultatif)

Garnitures suggérées

Poivrons rôtis, tomates

Cresson ou mesclun

Pour 1 sandwich

Croque-madame à la dinde et aux pleurotes

Préchauffer le four à 400°F (205°C). Fendre le croissant sur le sens de la longueur. Effilocher la dinde. Sauter les pleurotes à feu vif 2 minutes dans du beurre ou de l'huile d'olive. Déposer 2 c. à soupe (30 ml) de fromage râpé sur la base du croissant. Ajouter la dinde, les champignons, les olives noires et les tomates. Recouvrir avec le reste de fromage. Passer au four jusqu'à ce que le fromage fonde. Servir.

1/8 lb (50 g) de dinde cuite

3 c. à soupe (45 ml) d'un mélange de fromage râpé (suisse, gouda, mozzarella)

1oz (25 g) de champignons pleurotes

Beurre ou huile d'olive

1 croissant de blé entier

Garnitures

2 olives noires tranchées

2 tranches de tomate

Mini pitas au tofu et à la sauce aux arachides

Couper le tofu en cubes d'un demi-pouce (1,25 cm). Préparer le beurre épicé en mélangeant tous les ingrédients ensemble. Couper les poivrons en dés et la courgette en allumettes. Réserver. Sauter les cubes de tofu avec l'ail et l'oignon vert dans l'huile chaude en les badigeonnant de beurre d'arachide épicé. Ouvrir les pains avec un couteau effilé, moins de la moitié. Mélanger la mayonnaise avec 1 à 2 c. à thé (5 à 10 ml) de beurre d'arachide épicé. Badigeonner de cette sauce l'intérieur des pochettes de pain pita. Ajouter les cubes de tofus. Garnir de légumes. Servir immédiatement.

5/8 lb (270 g) de tofu ferme

1 c. à soupe (15 ml) d'huile de soya

1/2 c. à thé (2,5 ml) d'huile de sésame

1 gousse d'ail hachée fin

2 oignons verts hachés

6 mini pitas de blé entier

Garniture

1/2 tasse (125 ml) de pousses d'épinards

2 demi-poivrons de couleur

1/2 petite courgette

Mayonnaise de soya

Beurre d'arachide épicé

2 c. à soupe (30 ml) de beurre d'arachide croquant

1 c. à thé (5 ml) de miel

3 c. à thé (15 ml) d'huile de canola

1 à 2 c. à thé (5 à 10 ml) de Sambal Oelek (pâte de chili)

1/4 c. à thé (1 ml) de gingembre haché (facultatif)

Pour 1 sandwich

Sandwich à la merguez

Cuire la saucisse 2 à 3 minutes dans l'eau bouillante avant de la griller dans une poêle cannelée à feu moyen de 7 à 10 minutes. Couper des morceaux de baguette et les fendre comme un livre.

Dégager de la mie. Vaporiser d'huile d'olive. Déposer de la laitue, la saucisse et compléter avec les autres garnitures au choix. Servir.

1 saucisse merguez à l'agneau

1/2 baguette

Garnitures

Olives vertes au citron

Laitue romaine hachée

Oignon doux tranché

Huile d'olive en vaporisateur

Olives vertes au citron

2 tasses (500 ml) d'olives vertes
(non saumurées)

1 1/4 tasse (300 ml) d'huile d'olive

Le zeste de 2 citrons en lanières

Quelques brins de thym

Olives vertes au citron

Dans un bocal hermétique et stérilisé, incorporer les olives vertes en 3 temps en ajoutant les lanières de zeste et en intercalant les brins de thym. Verser l'huile jusqu'au ras bord.

Pour 2 sandwichs

Rarebit classique

1/4 lb (100 g) de cheddar moyen

1/4 tasse (60 ml) de bière blonde

1 c. à thé (5 ml) de moutarde
de Dijon

2 tranches de jambon de campagne

2 œufs au plat (facultatif)

2 tranches de pain de grains complets

Accompagnements

Oseille, quartiers de pomme

Mettre une tranche de jambon sur chaque tranche de pain et déposer sur une plaque à pâtisserie recouverte d'un papier parchemin. Préchauffer le four à 375ºF (190ºC).

Dans une casserole, émietter le cheddar et le faire fondre à feu doux en remuant. Verser la bière et la moutarde. Bien mélanger. Napper les tranches de jambon de la préparation fondue. Mettre au four jusqu'à ce que le pain soit bien doré. Cuire dans une poêle à feu doux 2 œufs dans du beurre fondu. Saler le blanc. Poser un couvercle tout en surveillant que le jaune ne cuise pas. Déposer 1 œuf sur le fromage si désiré.

Pour 4 sandwichs

Sandwich d'agneau
au porto

Fouetter les ingrédients de la marinade. Piquer la viande à la fourchette. Verser la marinade sur la viande. Mariner au moins 4 heures au réfrigérateur. Cuire à feu moyen élevé en conservant l'intérieur rosé. Assaisonner au goût en fin de cuisson. Laisser reposer 10 minutes. Trancher en lanières. Pour une sauce optionnelle, déglacer la poêle avec un peu de bouillon et ajouter un peu de la marinade. Ajouter du fromage, bleu ou de chèvre. Mélanger. Couper les pains en deux sur la longueur. Tartiner de fromage de chèvre ou vaporiser d'huile d'olive. Déposer des tranches de courgette, la viande et napper de sauce. Garnir de légumes en dés. Fermer les sandwichs. Servir.

4 tranches d'épaule d'agneau
(env. 1/4 lb 120 g chacune)
2 c. à soupe (30 ml) de fromage
de chèvre
Cumin, sel et poivre noir du moulin
8 tranches de pain style foccacia
Marinade
1/2 tasse (125 ml) de porto
1/4 tasse (60 ml) d'huile d'olive
extra vierge
1 grosse gousse d'ail hachée fin
1 c. à soupe (15 ml) de moutarde
de Dijon
1 c. à thé (5 ml) de pâte de tomate
1/2 c. à thé (2,5 ml) de romarin
haché finement
1/4 c. à thé (1 ml) de poivre noir moulu
Garnitures suggérées
Laitue, courgettes
Poivrons, oignons doux en dés
Sauce optionnelle
1/2 tasse (125 ml) de bouillon
de poulet
Marinade restante
2 c. à soupe (30 ml) de fromage bleu
ou de chèvre

Pour 2 sandwichs

Petits sandwichs aux œufs de caille et bacon

Cuire le bacon et l'éponger. Mélanger la mayonnaise avec la moutarde, le persil et l'oignon vert. Poivrer au goût. Trancher la baguette en tranches d'un demi-pouce (1,27 cm). Hacher les œufs de caille et le bacon grossièrement. Tartiner généreusement le pain de mayonnaise. Garnir d'œufs et de bacon. Servir.

3 tranches de bacon mi-salé

6 œufs de caille à la coque

2 à 3 c. à soupe (30 à 45 ml) de mayonnaise maison

1/4 c. à thé (1 ml) de moutarde de Dijon

1/2 c. à thé (2,5 ml) de persil frais haché

1 à 2 c. à thé (5 à 10 ml) d'oignon vert haché (facultatif)

Poivre noir moulu (facultatif)

1/2 baguette de grains entiers

Pour 4 sandwichs

Panini au chorizo

Chauffer le gril à panini. Réhydrater les tomates séchées dans l'eau chaude (15 minutes). Les éponger et les couper en tranches fines (émincer). Couper les champignons et le saucisson en tranches fines et les tomates en dés. Trancher les pains sur la longueur. Vaporiser d'huile d'olive. Badigeonner une surface de sauce aux tomates. Déposer du fromage. Garnir de champignons, de saucisson et de basilic. Fermer le sandwich. Griller jusqu'à ce que le fromage ait fondu. Couper le sandwich en deux. Servir chaud.

6 oz (160 g) de fromage
(fontina, asiago, provolone)

1/2 lb (200 g) de saucisson chorizo

1/2 tasse (120 ml) de sauce aux tomates

8 champignons de Paris

4 tomates séchées émincées

6-7 feuilles de basilic

Huile d'olive en vaporisateur

4 pains ciabatta moyens

Pour 4 sandwichs

Hamburger de bison aux poivrons grillés

Éponger les poivrons marinés et les trancher en 2 ou en 4 selon la grosseur. Couper l'oignon en rondelles d'un demi-pouce (1,25 cm). Cuire dans l'huile ou le beurre jusqu'à ce qu'il commence à devenir transparent, si désiré. Mélanger les herbes, la moutarde sèche, le sel et le poivre avec la viande. Former 4 galettes carrées épaisses.

Cuire immédiatement dans une poêle antiadhésive à feu moyen environ 5 à 8 minutes en les retournant 1 seule fois. Déposer le fromage 2 à 3 minutes avant la fin de la cuisson. Trancher les pains. Tartiner l'intérieur d'une mince couche de condiment et de laitue. Déposer la viande. Garnir d'une tranche de poivron, d'oignon et de tomate si désiré. Servir immédiatement.

1 lb (454 g) de bison haché

1 oignon doux

1 c. à thé d'herbes sèches mélangées (basilic, thym, origan, romarin, sarriette)

1/2 c. à soupe de moutarde sèche

4 tranches de fromage suisse

1 c. à soupe d'huile d'olive extra vierge

4 pains ciabatta carrés

Garnitures

4 morceaux de poivrons rouges rôtis marinés

Cresson ou mesclun

Rondelles de tomate, d'oignon doux

1 c. à soupe (15 ml) de pesto au basilic (facultatif) ou mayonnaise ou moutarde de Dijon

Pour 2 sandwichs

Sandwich de porc style oriental

Préparer la marinade en fouettant tous les ingrédients dans un bol ou en les mélangeant dans une bouteille à vinaigrette étanche. Couper la viande de porc en lanières et la piquer à la fourchette avant de la mariner 3 à 4 heures. Trancher les champignons minces (environ 1/8 po – 3 mm). Couper les légumes en morceaux au goût. Hacher la laitue finement. Dans une poêle antiadhésive ou un wok, sauter à feu moyen élevé le porc en premier, suivi des légumes. Couper le pain en deux sur la longueur. Tartiner une face de beurre d'acajou. Déposer les légumes et la viande. Garnir de noix. Fermer le sandwich. Servir immédiatement.

1/3 lb (150 g) de porc (filet)

4 champignons shiitake moyens (facultatif)

2 feuilles de laitue chinoise (nappa, bok choy)

2 oignons verts

6 pois mange-tout ou pois sucrés

1 petite baguette

2 c. à soupe (30 ml) de beurre d'acajou

Poignée de noix d'acajou

Marinade sucrée

1 c. à soupe (15 ml) de sauce soya légère

1/4 c. à thé (1 ml) d'huile de sésame

2 c. à soupe (30 ml) de sauce soya

1 c. à thé (5 ml) de vinaigre de riz

1 gousse d'ail hachée fin

2 c. à soupe (30 ml) de cassonade

Sandwich mangue et poulet à l'indienne

Couper la mangue, l'oignon et la tomate en petits dés, râper les carottes. Arroser d'huile et verser les jus. Ajouter la menthe, les graines de citrouille et les assaisonnements. Mélanger et laisser les saveurs s'imprégner au moins 30 minutes au réfrigérateur. Préchauffer le four à 400°F (200°C). Déposer les pains sur une plaque à pâtisserie. Les vaporiser d'un fin jet d'eau. Chauffer les pains 2 à 3 minutes. Couper en tranches de 2 pouces de largeur (env. 5 cm). Recouper en bouchées si désirées. Couper le poulet en lanières ou en cubes. Tartiner le pain de yogourt. Répartir de la salade de mangue. Ajouter des lanières de poulet. Garnir de pousses d'épinards. Servir.

3/4 à 7/8 lb (350 à 400 g) de blanc de poulet cuit

Salade de mangue

2 pains Nans

Garnitures

Laitue ou pousses d'épinards

Yogourt nature

Salade de mangue

1 mangue moyenne mûre en dés

1 c. à soupe (15 ml) d'oignon rouge haché fin

1 grosse tomate en dés

2 petites carottes râpées

1 c. à soupe (15 ml) d'huile de citrouille

2 c. à thé (10 ml) de jus de lime

1/4 tasse (60 ml) de jus d'orange

2 c. à soupe (30 ml) de menthe hachée

1 c. à soupe (15 ml) de graines de citrouille hachées

1/4 c. à thé (1 ml) de poudre de cari

Pincée de poivre de cayenne et de garam masala (facultatif)

Sel et poivre noir moulu

Pour 2 sandwichs

Sandwich
aux harengs fumés

Déposer les harengs dans un plat en verre. Verser le lait. Couvrir. Laisser au réfrigérateur 24 heures. Jeter le lait. Rincer les filets à fond. Trancher les oignons en rondelles. Mariner les filets de hareng dans un récipient muni d'un couvercle. Alterner oignon et poisson. Couper les filets au besoin selon le contenant utilisé. Déposer le brin de thym et des grains de poivre ou des baies de genièvre pour aromatiser. Recouvrir d'huile. Laisser mariner de 3 à 7 jours au goût.

Salade de chou

Fouetter les ingrédients de la vinaigrette dans un saladier. Incorporer le chou, les dés de pommes et l'oignon vert. Remuer pour bien imprégner les ingrédients. Goûter pour rectifier l'assaisonnement. Réfrigérer au besoin.

Montage du sandwich

Couper 4 morceaux de baguette d'environ 6 pouces (15 cm). Fendre les pains et enlever un peu plus de 1 pouce (2,5 cm) de mie au centre. Couper les harengs en bouchées. Déposer le hareng fumé au creux du pain. Garnir de salade de chou. Envelopper les sandwichs dans du papier ciré. Préparés à l'avance, on doit les conserver au réfrigérateur dans un contenant hermétique.

8 petits filets de hareng fumé marinés

1 baguette régulière

Garniture

Salade de chou aux pommes

Harengs marinés

8 filets de hareng fumé

1 tasse (250 ml) de lait entier

Huile d'olive extra vierge ou de canola

1 oignon en rondelles

1 brin de thym ou de romarin

Grains de poivre noir

Salade de chou

1 tasse (250 ml) de chou haché fin

1 tasse (250 ml) de pommes en dés

2 oignons verts hachés fin

Vinaigrette

2 c. à thé (10 ml) de vinaigre de vin blanc

1 c. à soupe (15 ml) de persil haché

2 c. à thé (10 ml) de moutarde de Dijon

1 c. à soupe (15 ml) d'huile d'olive ou de canola

Pincée de sucre

Sel et poivre noir

Pour 1 sandwich

Panini au poulet et au brie

Cuire le blanc de poulet dans un bouillon de légumes environ 15 minutes. Tiédir. Préchauffer le gril à panini. Couper le poulet en lanières et la tomate en tranches. Couper le pain en deux sur la longueur. Badigeonner de mayonnaise d'un côté et de fleurs d'ail dans l'huile de l'autre côté. Déposer le poulet, les tomates et les olives. Ajouter le fromage. Fermer le sandwich. Griller jusqu'à ce que le fromage ait fondu.

1/8 lb (50 g) de blanc de poulet

1 tasse (250 ml) de bouillon de légumes

1 tranche (30 g) de brie

1 petit pain ciabatta

Mayonnaise

Fleurs d'ail fermentées dans l'huile

Garnitures suggérées

Tomate

Olives noires

Pour 4 sandwichs

Sandwich à la salade de thon

Bien égoutter le thon. Émietter l'œuf dans un saladier. Incorporer tous les ingrédients avec la mayonnaise. Mélanger. Saler et poivrer au goût. Fendre les pains et retirer de la mie. Farcir les pains de salade de thon. Servir immédiatement ou réfrigérer dans une assiette de service recouverte d'un linge humide et d'une pellicule plastique.

1 boîte (170 g) de thon pâle

1 œuf à la coque (facultatif)

2 branches de céleri en dés

2 oignons verts hachés

4 c. à soupe (60 ml) de poivron en dés

1/2 pomme Granny Smith hachée

1/4 c. à thé (1 ml) de graines de céleri

1/2 c. à thé (2,5 ml) de basilic séché

1 c. à soupe (15 ml) de persil haché fin

Poivre noir moulu, sel

4 à 5 c. à soupe (60 à 75 ml)
de mayonnaise de soya

4 à 6 petits pains à farcir

Garniture

Olives noires ou vertes tranchées

Poivron rouge

Pour 4 sandwichs

Enveloppes aux fraises,
fromage cottage et poivre noir

Moudre le poivre grossièrement. Équeuter les fraises. Les couper en tranches. Mélanger le fromage avec le poivre noir moulu. Ajouter une bonne cuillère de fromage sur le quart supérieur de la tortilla. Ajouter les fraises et la laitue. Saupoudrer de noix si désiré. Rabattre la moitié inférieure sur la garniture et replier la partie de droite vers la gauche ou vice-versa.

1/2 lb (225 g) de grosses fraises

1/2 lb (225 g) de fromage cottage écrémé

1 c. à thé (5 ml) de grains de poivre entiers

2 c. à soupe (30 ml) de noix hachées (pistaches, Grenoble ou pacanes)

Laitue, pousses d'épinards

Pain tortilla de blé entier

Pour 1 sandwich

Club sandwich
style italien

Tartiner de pesto deux tranches de pain. Badigeonner l'autre d'huile d'olive. Enrouler les tranches de jambon si désiré. Garnir de laitue. Fermer avec une tranche de pain. Garnir de cantaloup. Ajouter le prosciutto et le fromage. Terminer avec une feuille de laitue. Fermer le sandwich avec la tranche restante. Couper le sandwich en deux ou 4 portions. Servir.

2 tranches de prosciutto

2 tranches de jambon capicolle

2 tranches de fromage provolone

1 c. à soupe (15 ml) de pesto tomates et basilic

Huile d'olive extra vierge

1 tranche de cantaloup

2 feuilles de laitue romaine ou en feuille

3 tranches de pain campagnard

Pesto tomates et basilic

2 à 4 portions

1/3 tasse (80 ml) d'eau filtrée

1 bouquet de basilic

1 poignée de persil

1/3 tasse (env. 45 g) d'un mélange de noix et de graines (pin, Grenoble, chanvre)

2 tomates séchées réhydratées

1/3 tasse (80 ml) de parmesan râpé

1/3 tasse (80 ml) d'huile d'olive extra vierge

Jus de lime ou de citron

1 gousse d'ail

Sel et poivre noir moulu

Pesto tomates et basilic

Combiner tous les ingrédients dans le robot culinaire ou un mélangeur en versant de l'huile d'olive jusqu'à l'obtention d'une pâte lisse. Ajouter de l'huile au besoin. Un filet de jus de citron ou de lime aiderait à la conservation. Peut se conserver au réfrigérateur dans un bocal hermétique environ 2 semaines.

Pour 3 sandwichs

Sandwich au melon et jambon sec

Le lavash est un pain traditionnel arménien, très répandu au Moyen-Orient. Il est mince comme une feuille et ressemble à une crêpe. Le mot lavash signifie « regarde bien ». Il sèche rapidement à l'air, il faut donc le manipuler rapidement. Il est fabriqué avec de la farine, du sel et de l'eau.

Tailler le pain lavash en 3 bandes. Enrouler le jambon autour d'une tranche de cantaloup. Vaporiser d'un peu d'huile la bande de pain. Garnir de légumes l'extrémité de la feuille de lavash. Déposer le cantaloup au jambon par-dessus. Rouler. Servir immédiatement ou envelopper dans un papier absorbant légèrement humide.

3 tranches de jambon de Bayonne

3 petites tranches de cantaloup

1 feuille de pain lavash

Huile d'olive en vaporisateur

Garnitures

4 feuilles d'oseille ou de laitue

4 tiges d'oignon vert ciselées

Poignée de germinations (tournesol, pois-mange-tout)

Pour 2 sandwichs

Sandwich au rosbif et au raifort

Trancher le pain. Tartiner de raifort une ou deux faces. Déposer les tranches de rosbif cuit (restes de rôti). Garnir d'oignon si désiré ou de tomates tranchées. Fermer le sandwich. Servir.

4 tranches minces de rosbif cuit

1/2 c. à thé (2,5 ml) de raifort

1 baguette ou 4 tranches de pain

Garnitures

Oignon doux

Tomates en tranches

Laitue

Pour 2 sandwichs

Sandwich au bœuf
sauce moutarde

Préparer la marinade en fouettant tous les ingrédients dans un bol ou en les mélangeant dans une bouteille à vinaigrette étanche. Mettre de côté environ 1 c. à soupe (15 ml) pour badigeonner le pain. Couper le filet de bœuf en tranches minces d'environ 1/8 po (3 mm). Les faire mariner de 30 à 45 minutes. Les griller dans une poêle antiadhésive quelques minutes. Réserver. Essuyer le poêlon. Sauter les champignons dans la même poêle en leur ajoutant un peu de marinade. Couper les tranches de pain en deux. Badigeonner l'intérieur de marinade. Étaler des tranches de tomate. Ajouter le fromage égrené ou en tranches fines. Étaler le bœuf et les champignons. Garnir de laitue. Fermer le sandwich. L'envelopper d'une feuille de papier sulfurisé ou d'une serviette de table en papier.

7 oz (180 à 200 g) de filet de bœuf maigre

4 champignons de Paris

4 feuilles de laitue frisée

1 grosse tomate

1 petit morceau de fromage feta (facultatif)

4 tranches de pain de millet et maïs

Marinade

1 c. à soupe (15 ml) de moutarde de Dijon à l'ancienne

2 c. à soupe (30 ml) d'huile d'olive extra vierge, d'huile de pépin de raisin ou d'huile de canola

2 c. à soupe (30 ml) de vinaigre balsamique

Pincée de sel

Poivre du moulin

Pour 1 sandwich

Sandwich Spa méditerranéen

Chauffer un poêlon et verser un filet d'huile d'olive pour faire suer l'échalote. Refroidir. Verser dans un bol le poisson cuit avec l'échalote, la crème, le basilic finement haché et le jus de citron. Bien mélanger. Assaisonner. Trancher le concombre à la mandoline et couper les tomates cerise en tranches. Napper la tranche de pain de pâté et superposer les légumes. Servir avec du thé vert au citron ou de l'eau minérale.

70 g (1/3 tasse) de chair de maquereau cuit

1 c. à thé d'échalote grise hachée

1 partie de mayonnaise maison à l'huile d'olive

1 partie de crème sûre

Basilic haché

Pincée de thym frais

1/4 c. à thé de jus de citron

Huile d'olive extra vierge

Sel et poivre

Tomates cerises

Concombre

Zeste de citron (facultatif)

Pain pumpernickel

Sel de mer

Pincée de poivre de Cayenne

Remarque

Le pain Pumpernickel est originalement fabriqué en Westphalie, une région du nord de l'Allemagne. Il est fait de seigle ou de gruau de seigle et ne contient aucun agent de conservation. Il a un indice glycémique très acceptable.

Bon appétit...■